A LA MÉMOIRE DE MA MÈRE,

Regrets éternels !

———

A MES PARENTS.

———

A MES AMIS.

Faculté de Droit de Toulouse.

✦✧✦✧✦✧✦✦✦✦✦✦✦✦✦✦✦✦✦✦✦✦✦✦✦✦✦✦✦✦✦✦✦✦✦✦✦✦

ACTE PUBLIC

POUR LA LICENCE

EN EXÉCUTION DE L'ART. 4 DE LA LOI DU 22 VENTOSE AN XII

SOUTENU

Par M. AGNIEL (Louis),

NÉ A MONTPELLIER (Hérault.)

JUS ROMANUM.

De traditione.

Traditio, quæ possessionis translatio definiri potest, jure naturali acqui-rendi inter modos à Justiniano numeratur.

Antequàm traditionis leges sub Justiniano exponamus, leges quibus recta fuit prius perpendere non quidem inutile erit. Idcircò pauca de romani dominii jure verba dicenda sunt.

Romanum olìm, ut testatur Gaius, unum erat dominii genus, quod ità

1850

individuum habebatur, ut unusquisque dominus esset aut non intelligeretur dominus. (Gaius, Com. 2, § 40).

E naturali jure, accessione seu occupatione, e civili, multis equidem modis, et præsertìm mancipio, cujus vestigia quædam in duodecim tabularum fragmentis invenimus, dominium acquirebatur. Adhùc verò disseritur an traditione nudâ, omni solemnitate carente, non quidem cunctarum, quarumdam verò rerum dominium transferri posset. Pro certo tamen habendum est ut ei cui sine solemnitate, servi, prædia, cæteraque maximi pretii tradebantur, nullum dominii jus concedebatur.

Ulterius autem, quùm, pristino jure mitigato, novâ quidem divisione mancipi aut nec mancipi res appellatæ fuerunt, quamdam vetus dominii jus divisionem etiam accepit; nam, dùm mancipatione aut cessione in jure mancipi rerum, traditione non mancipi dominium quiritarium transferri poterat, res mancipi traditione acceptas in bonis solùm cives habebant. Hinc quiritarium dominium et bonitarium ortum fuit. Nec eadem jura quiritario aut bonitario dominio nascebantur. Fructibus enim à bonitario domino perceptis, dandi, vendendi, abutendi deniquè quiritario jus permanebat.

A Justiniano posteà inter mancipi aut non mancipi res omni discrimine remoto, cunctarum quidem rerum, dum prius solùm rerum non mancipi traditione dominium translatum fuit.

Ut tamen traditione acquireretur, quædam requirebantur.

1° Qui tradit traditæ res dominus, nisi tamen subsit mandatum domini, alienandique capax esse debet. Nullus enim rem alienam rectè transfert; maritus, à quo dotalis fundus donatur aut venumdatur, pupillus..... à quo res quædam traditur, nullum dominii jus transmittère possunt; pupilloque semper, si non consumptæ res, vindicatio, si verò consumptæ, condictio actiove ad exhibendum conceditur. Aliquoties alienarum rerum traditio lege permittitur, veluti in creditore vendente hypothecam, in tutore vel curatore alienante rem pupilli sive minoris.

2° Ut fiat traditio ex justâ causâ præcedente et sufficiente ad translationem, qualis est emptio venditio, legatum, donatio. Neque enim nuda et simplex traditio dominii translationem non operatur. Sæpissimè enim res, nec alienandæ, traduntur; sic amici in fide quùm deponuntur, pigneranturve, aut etiam commodantur. Tunc equidem non transfertur dominium, aliena re enim in animo tradentis nunquàm fuit; secùs, si res largitatis tribuendæ, aut dotis constituendæ gratià, traditæ fuerunt.

Nihil autem interest et tradentem et accipientem de traditionis causà convenire. Si legatum tibi relictum, quasi e stipulatione quâdam debitum, accipies, idem dominii jus assequeris.

Quid verò donationem inter et emptionem venditionem differat nunc perpendamus. In donatione dominus dùm tradit, nihil vicissìm accipiens, solum tradit venditor ut illi pretium quoddam solvatur; unde sequitur, ut liberalitis causa è traditione illicò oriatur jus dominii, quod quidem emptori non conceditur, priusquàm venditor pretium acceperit, nisi emptoris fidem secutus sit. Itaque venditor, donec numeratum sit pretium, dominus remanet, et rem suam, si extet, potest vindicare; atque interìm fructus facit suos. Quod si pars pretii numerata sit, pro eà parte tantùm fructus ad emptorem pertinent.

3° Res corporalis esse debet : manifestum est enim, ut dicit Gaius, incorporales res traditionem non recipere. (Inst. Comm. 2, § 28.). Quandoquidem vero pro incorporalibus rebus est quædam quasi-possessio, quæ juris cujusdam exercitionis cessione nascitur, item quamdam quasi traditionem exercitione juris toleratâ orientem agnoscamus.

4° Is in quem transferendum est dominium, ad rem accipiendam idoneus esse debet. Certa sit etiam persona; quùm tamen festis diebus à consulibus prætoribusve missilia jactata erant, quamvis personis incertis tradita fuissent, civium à quibus colligebantur, haud dubio erant; licet enim incerti sint cives liberalitate fruendi, in genere populus, cui gratificatum volunt, qui missilia jactant, non quidem incertus.

In quâdam Diocletiani constitutione hoc fuerat scriptum : Traditionibus et usucapionibus dominia rerum non nudis pactis transferuntur. Interdùm tamen, sine traditione, nudâ scilicet voluntate, rei transfertur dominium; Sicuti si rem amici in fide depositam, commodatamve aut pignori datam, ei à quo tenebatur, venditem donemve, nudâ meâ voluntate fiet dominus, perindè ac si ab initio justâ causâ traditio præcessa fuisset. Quoniam enim modus est traditio quo transfertur possessio, si res jam possidetur, inutilis est altera traditio, dummodò dominus possessione tantùm dominium transferri velit.

Item merces in horreo meo depositas si tibi vendiderim, ita inutilis erit traditio, ut, dummodò horreum apud claves tradam, clavibus acceptis, dominium illico transmittetur.

Nunc vero quâ ratione modos inter naturali jure acquirendi numerata traditio, inspiciamus. Non sanè quod ad transferendum dominium traditione opus sit, quùm plurimas apud gentes nudis pactis transmittatur. Unde naturali jure modus acquirendi haberi traditio nequit, nisi cum prisco jure, e quo traditione res tantùm mancipi acquirebantur, æquiparetur.

CODE CIVIL.

DES CAUSES ET CONDITIONS ILLICITES DANS LES CONTRATS ET LES LIBÉRALITÉS.

§ Ier — *Notions préliminaires sur la cause et la cause illicite dans les obligations.*

L'article 1108 indique quelles sont les conditions essentielles, les éléments indispensables, non pas pour l'existence d'une convention, mais pour sa validité. Ces conditions sont au nombre de quatre : 1° le consentement de la partie qui s'oblige ; 2° la capacité de contracter ; 3° un objet certain qui forme la matière de l'engagement ; 4° une cause licite dans l'obligation.

Arrivons de suite à la dernière condition, qui doit être de notre part l'objet d'un examen particulier, et d'abord donnons aux mots un sens bien précis. Dans le langage juridique ce mot, cause de l'obligation, n'a pas la même signification que dans le langage ordinaire. Il faut bien le distinguer du motif de l'obligation. Lorsque je vends ma maison de campagne, le motif qui m'a déterminé à l'aliéner peut être ou bien la nécessité où je me trouve de faire des paiements considérables, ou le désir d'acquérir un bien plus avantageux par sa situation ou son étendue. En langage juridique la cause de l'obligation est le but immédiat que l'on se propose d'atteindre; dans un contrat synallagmatique, la cause de l'obligation pour une des parties sera ce que l'autre partie lui donne, s'engage à lui donner, ou bien, enfin, le risque dont elle se charge. Dans les contrats de bienfaisance la cause est le désir de faire une libéralité; quelquefois une obligation a pour cause l'extinction d'une obligation antérieure, c'est ce qui a lieu en matière de novation.

Posons deux principes que nous développerons ensuite : 1° une obligation sans cause ou sur une fausse cause est nulle ; 2° la cause illicite est considérée comme non existante, et par conséquent l'obligation qui en résulte n'est pas plus valable que si elle était sans cause.

1° Hatons-nous de le dire, il ne peut y avoir de promesse sans cause ou du moins sans cause actuelle que celle faite par un homme qui a perdu la raison. Cependant on peut supposer le cas d'une cause successive ou bien d'une cause qui n'existait qu'en espérance et qui est venue à défaillir. Ainsi, lorsque vous avez loué ma maison pour un temps déterminé, quelle était la cause de votre obligation ? C'était la faculté que vous pensiez avoir de jouir du local. Mais si la maison est brûlée avant l'expiration du bail, il est évident que l'obligation que vous aviez contractée de me payer le prix du loyer, cessera pour défaut de cause à partir du moment du sinistre.

Il en est de même lorsque l'obligation repose sur une fausse cause. Mon père vient à mourir; je m'engage à vous livrer un immeuble en remplacement d'une somme d'argent qu'il vous avait léguée. Plus tard je découvre un testament postérieur où il révoque le legs qu'il vous avait fait. L'obligation que j'ai contractée envers vous n'existera plus.

2° La cause illicite est considérée comme non existante , et l'obligation qui en résulte n'est pas plus valable que si l'obligation était sans cause.

Qu'est-ce qu'une cause illicite? L'article 1133 nous en donne la définition. La cause est illicite quand elle a été prohibée par la loi, quand elle est contraire à l'ordre public et aux bonnes mœurs.

D'après cette définition on pourrait classer les causes illicites en deux catégories : 1° Les causes prohibées par la loi; 2° celles qui sont contraires à l'ordre public et aux bonnes mœurs. Mais il faut bien se garder de croire que toute cause contraire à la loi soit regardée comme illicite. En effet, lisons l'art. 7, qui nous dit : On ne peut déroger par des conventions particulières aux lois qui intéressent l'ordre public et les bonnes mœurs. Mais si on ne peut déroger à ces lois, il y en a donc certaines qu'on n'est pas tenu d'observer. Ainsi, quand le législateur, s'occupant des intérêts privés des citoyens, leur trace les règles des contrats les plus usités, tels que la vente , le louage, quel est son but ? Il a voulu offrir aux parties contractantes des modèles de conventions auxquelles elles pourraient se rapporter, sans avoir pourtant l'idée de les rendre obligatoires. C'est là ce qui a été reconnu dans toutes les législations. C'est un principe consacré par la loi romaine. *Contra tenorem legis privatam utilitatem continentis pacisci licet.* (Loi 3 i au *Digeste. De pactis.*) Mais si le législateur s'occupe des intérêts généraux de la société, il ne dépendra pas des parties contractantes d'aller contre la loi. *Pacta quœ contra leges, vel contra bonos mores fiunt, nullam vim habere, indubitati juris est.*

Ainsi donc en nous résumant sur ce point, nous dirons : Sont illicites les causes contraires à l'ordre public et aux bonnes mœurs , et aux lois qui intéressent l'ordre public et les bonnes mœurs.

§ 2. — *Diverses espèces de causes illicites.*

Entrons dans les espèces. Les choses qui sont défendues par des réglements arbitraires et variables ne peuvent être la matière d'un contrat valide. Ainsi je m'engage à payer à un marchand une somme convenue pour qu'il me procure des marchandises de contrebande. Nous pourrons l'un et l'autre rompre le contrat avant son exécution , sans que nous ayons l'un ou l'autre le droit de réclamer des dommages-intérêts.

La promesse faite à une femme pour l'engager à vivre en concubinage, ou la promesse faite à propos d'un concubinage déjà existant , est fondée sur une cause contraire aux bonnes mœurs , et par conséquent est nulle.

L'obligation souscrite par un tiers en faveur d'un tuteur pour l'engager à décider sa pupille à s'unir avec lui , serait nulle comme contraire aux bonnes mœurs.

N'est pas valable la clause pénale stipulée par des parents qui ont con-

venu de marier leurs enfants , pour le cas où l'un d'eux voudrait se sous-
traire à la promesse déjà faite. Il en serait de même d'une obligation souscrite par un fiancé à sa future épouse, prévoyant l'hypothèse où il renonce-
rait à l'union projetée. Cependant il faut reconnaître que si l'un des futurs
époux , pensant que le mariage se célébrerait, avait fait des dépenses
dont il se serait abstenu dans le cas contraire , il serait admis à en deman-
der le paiement , car les dépenses ont été faites dans un but d'utilité commune , et il est de toute justice qu'elles soient à la charge de celui qui les
a rendues inutiles.

Nous trouvons dans le Code civil les dispositions suivantes, art. 1965,
La loi n'accorde aucune action pour les dettes de jeu ou pour le paiement
d'un pari. Ainsi donc les obligations souscrites à propos de ces jeux ou paris
reposent sur une cause illicite, et doivent être déclarées nulles. Il n'y a
pas à distinguer si l'enjeu a été des billets déjà souscrits, ou si les billets
n'ont été faits qu'après ; la cause n'en est pas moins illicite. Mais il arrivera
presque toujours qu'on aura énoncé dans les billets une cause simulée afin
d'être à l'abri. Dans ce cas, la simulation de la cause devra pouvoir être
prouvée , non-seulement par l'aveu du porteur ou par son refus de prêter
serment , mais encore par témoins, bien qu'il n'y ait pas un commen-
cement de preuve par écrit. C'est ce que décidait l'ordonnance de 1629 ,
et nous pensons que de nos jours la même décision doit être adoptée , car
les rédacteurs du Code n'ont pas témoigné l'intention de s'en écarter.

Si une personne qui désirerait obtenir une place du gouvernement sous-
crit une obligation à un tiers, pour que ce dernier l'appuie de son crédit, et
lui permette ainsi d'arriver à son but, il est reconnu que cette obligation ne
sera pas valable, car elle aurait pour objet d'établir un nouveau genre de vé-
nalité des offices, et de faire des fonctions publiques le monopole de l'intrigue
et de l'incapacité. Que si un notaire , en vendant sa charge, stipule que son
successeur partagera avec lui, vendeur, les produits de l'office, en repré-
sentation de tout ou en partie du prix de la cession , cette clause est licite,
bien qu'elle puisse donner aux fonctions notariales le caractère d'association
commerciale.

Les billets, obligations ou contrats renfermant une donation déguisée au
profit d'une femme avec laquelle celui qui s'engage a eu un commerce

adultérin, seront nuls comme faits pour une cause illicite, surtout alors que le concubinage adultérin est ou reconnu, ou de notoriété publique, tellement qu'il n'y ait pas à procéder à une enquête scandaleuse. Quant à la convention par laquelle un citoyen, moyennant un prix déterminé, consentirait à s'abstenir de ses droits politiques, ou à vendre sa voix lors des opérations électorales, elle serait regardée comme contraire à l'ordre public, et par conséquent ne pourrait produire aucun effet.

Nous venons de le dire, toute convention contraire à l'ordre public doit être frappée de nullité. L'état des personnes est d'ordre public, et il ne peut y être porté atteinte par les contrats des particuliers. Aussi déclarerions-nous nulle, comme ayant une cause illicite, l'obligation souscrite par une femme qui a obtenu la séparation de corps, afin de décider son mari à ne pas se pourvoir en cassation. Il en serait de même de toutes les clauses qui gênent la liberté du commerce ; ainsi la convention par laquelle, de neuf fabricants d'une ville, huit s'engageraient à ne vendre leurs marchandises que dans un endroit et à un prix déterminé, à la charge par les contrevenants de payer un dédit, pourrait, sur la demande d'une des parties contractantes, être déclarée nulle, comme contraire au principe de la libre concurrence.

Les contrats sur la vie des hommes ont une cause contraire aux mœurs, si la vie est l'objet direct du contrat. *Liberum corpus æstimationem non recipit ; nefas est ejusmodi casus expectare.* Mais que décider des assurances sur la vie ? Doivent-elles être considérées comme ayant une cause illicite ? Nous ne le pensons pas. Les auteurs qui soutiennent l'opinion contraire s'appuient sur la prohibition contenue dans l'ordonnance de 1681 et sur le silence du Code de commerce sur cette matière. Ces raisons ne nous paraissent pas concluantes, et à nos yeux les assurances sur la vie reposent sur une cause parfaitement licite. Elles sont admises en Angleterre, et dans le silence de la loi à cet égard, nous ne voyons pas pour quels motifs on les prohiberait. La loi française tolère le contrat de rentes viagères, qui n'a pris naissance que dans l'égoïsme, et elle ne permettrait pas une convention qui ne révèle de la part d'une des parties contractantes que l'amour d'autrui !

En effet, dans les assurances sur la vie, voyons-nous autre chose qu'un individu qui ne craint pas de se dépouiller chaque année d'une partie de son

revenu, afin de pouvoir, à sa mort, laisser une somme plus ou moins considérable à ses enfants, qui seront privés de son aide? Nous ne nous dissimu-
lons pas les abus qui peuvent naître de pareils contrats; mais nous croyons
qu'en définitive les résultats produits seraient favorables.

§ III. — *Une obligation reposant sur une cause illicite une fois exécutée,*
peut-on revenir sur cette exécution?

Nous distinguerons deux cas : 1° celui où la cause n'est illicite que de la
part d'une des parties; 2° celui où la cause est illicite de la part des deux
parties contractantes.

1° Un fait parfaitement licite en lui-même, s'il forme la cause d'une obligation, peut être considéré comme illicite, et par suite entraîner la nullité
de l'obligation. Pierre, au moment de comparaître en justice, donne une
somme à ses juges afin d'obtenir un acquittement. Sera-t-il tenu, s'il n'a fait
que s'engager, de remplir l'obligation contractée, et s'il a déjà payé, pourra-
t-il réclamer ce qu'il a payé? Tous les auteurs se prononcent pour l'affirma-
tive; car, bien que le fait de l'acquittement de Pierre, considéré en dehors
de toute stipulation, soit un fait parfaitement licite, il faut reconnaître que
l'obligation qui provient d'une sentence achetée a une cause immorale. Il
en sera de même si, après avoir mis un objet en dépôt chez un homme que
je croyais mon ami, il me force à lui souscrire une obligation avant de
consentir à la restitution du dépôt.

2° Que décider si celui qui s'oblige et celui en faveur de qui est contractée l'obligation contreviennent à l'ordre public ou aux bonnes mœurs? L'o-
bligation une fois exécutée, pourra-t-on réclamer contre l'exécution? Ainsi
Pierre s'oblige à payer à Paul une somme de dix mille fr. s'il assassine
Jacques. Le crime accompli, et la somme promise étant payée, Pierre
veut répéter cette somme, prétendant qu'il a payé sur une cause illicite, et, par conséquent, que la convention intervenue ne pouvait avoir
d'effet. *Quid juris* en pareille circonstance? Pothier se prononce pour la
négative. Il est vrai, dit-il, que la loi naturelle et le droit civil accordent la
répétition de ce qu'on a payé sans le devoir, lorsque le paiement n'a été fait
que par erreur. Car on suppose que le paiement a été fait sous une condition
résolutoire, tacite, c'est-à-dire que si on venait à découvrir plus tard que la

2

somme n'était pas due , il y aurait lieu à restitution. Mais on ne peut lui faire une pareille supposition dans le cas dont il s'agit. Celui qui a payé, a payé en toute connaissance de cause ; il est vrai qu'il est immoral que l'auteur d'un crime en retire un salaire ; mais toutefois celui qui l'a engagé à le commettre ne pourra le lui enlever. Cette doctrine a été suivie par plusieurs jurisconsultes. La loi, disent-ils, ne peut venir au secours d'un délinquant ; elle ne peut protéger celui qui a violé ses préceptes, et de même que le stipulant ne peut invoquer son autorité pour faire exécuter l'obligation, de même le promettant ne peut l'invoquer pour faire annuler l'obligation accomplie. On doit appliquer la maxime : *Nemo auditur suam turpitudinem allegans.*

A notre avis un pareil système est aussi opposé au texte de la loi qu'à l'intérêt social. N'y aurait-il que cette raison de la plus haute gravité à nos yeux : que l'auteur d'un crime ne doit pas pouvoir en retirer un salaire quelconque, qu'elle suffirait à former notre conviction. D'ailleurs, en matière de répétition, le système consacré par notre Code s'éloigne d'une manière sensible du système consacré par la loi romaine. Elle n'accordait l'action en répétition que dans un seul cas, lorsqu'on avait payé *par erreur: Si quis indebitum ignorans solvit condicere potest ; sed si sciens se non debere solvit, cessat repetitio.* Mettons en regard l'art. 1376. Celui qui reçoit *par erreur* ou sciemment ce qui ne lui est pas dû, s'oblige à le restituer à celui de qui il l'a indûment reçu. Ainsi, comme on s'en aperçoit au premier coup d'œil, les deux systèmes sont complètement opposés. Il suffit que celui qui reçoit reçoive une chose qui ne lui est pas due pour qu'il soit obligé à la restitution. (1).

§ IV. — *Pour qu'une obligation puisse être annulée comme fondée sur une cause illicite, est-il nécessaire que la cause illicite soit mentionnée dans l'acte ? A qui incombe la charge de la preuve ?*

Les écrits qui constatent une convention synallagmatique contiennent toujours l'énonciation d'une cause. Il n'en est pas de même lorsque l'obliga-

---

(1) C'est d'ailleurs en ce sens que paraît se prononcer la jurisprudence, si on en juge par quelques arrêts récents. — Angers, 30 mai 1844. — Même cour, 10 juin 1844. — Cour suprême, arrêt de cassation du 8 avril 1844.

tion est unilatérale; mais elle n'est pas moins valable quoique la cause ne soit pas exprimée. On suppose dans ce cas qu'il y a une cause; mais la cause peut être fausse ou illicite, et dans ces différentes hypothèses, l'équité ne permet pas que l'engagement subsiste.

Ainsi donc, pour que l'obligation puisse être annulée, il ne sera pas nécessaire que la cause illicite soit mentionnée; il suffira de prouver son existence.

Mais ici s'élève une question importante. Lorsque le billet renfermant une obligation dont la cause n'a pas été énoncée, est présenté par celui qui se prétend créancier, à qui doit incomber la charge de la preuve? Si l'acte porte : je reconnais devoir, ou si la promesse est souscrite par un individu parce qu'il est débiteur, la cause est dans la reconnaissance de la dette; on la regarde comme exprimée. Si, au contraire, l'acte ne contient pas la mention dont nous parlons, la charge de la preuve incombera au créancier. Et qu'on ne dise pas que l'art. 1132 qui porte que l'obligation est valable, bien que la cause ne soit pas exprimée, établit en sa faveur une présomption légale. Si c'était vrai, il faudrait rayer du Code l'art. 1131 qui dit que l'obligation sans cause, ou sur une fausse cause, ou sur une cause illicite, ne peut avoir aucun effet. Quand cette disposition pourra-t-elle être exécutée? Jamais. *Factum negantis, nulla est probatio.* Les art. 1131 et 1132 doivent être tous deux mis à exécution. Pour cela, il ne s'agit que de ne pas étendre outre mesure l'interprétation donnée à l'art. 1132, de la renfermer dans de justes bornes, et de reconnaître que tout le bénéfice qu'il accorde au créancier se borne à prouver la nullité apparente dont est entaché l'acte renfermant l'obligation, en établissant l'existence d'une cause licite.

Que si le débiteur prétend que la cause énoncée est simulée, et que la cause réelle est illicite, il sera tenu de prouver ses assertions. Dans ce cas, une cause existe : on ne peut présumer qu'elle est feinte, et que la cause véritable est contraire à l'ordre public ou aux bonnes mœurs. Elle se maintiendra jusqu'à preuve contraire.

§ V.—*L'obligation fondée sur une cause illicite peut-elle être ratifiée?*

Le défaut de cause ou de cause illicite ne rend pas seulement l'obligation annulable, comme les simples vices du consentement ou l'incapacité. Il l'empêche de se former. On ne pourra jamais ratifier une pareille obligation, car, *quod nullum est confirmari nequit.* La capacité dans la personne qui s'engage, un consentement libre, exempt de dol, de violence, sont des conditions essentielles pour la validité de la convention; mais l'existence du consentement, l'objet et la cause licite sont des conditions essentielles pour qu'elle puisse prendre naissance.

De la cause illicite dans les libéralités.

Aux termes des articles 1131 et 1132 du Code civil, toute obligation doit avoir une cause licite, et elle n'est pas moins valable, quoique la cause ne soit pas énoncée. Ces règles s'appliquent aux actes de libéralité qui sont toujours présumés avoir pour cause impulsive le désir de conférer un bienfait. Si une fausse cause a été déclarée par le disposant, la libéralité se soutient par ce motif que le donateur ou le testateur a manifesté la volonté de gratifier, mais qu'il a voulu taire le véritable motif. Lorsque la libéralité reposera sur une cause illicite exprimée, si cette cause doit nécessairement être considérée comme seule impulsive de la volonté de son auteur, la disposition sera nulle. Ainsi, dans un but de vengeance, Pierre déclare faire à Paul, qu'il ne connaît pas, à qui par conséquent il ne peut porter aucun intérêt, une donation à condition qu'il commettra un incendie, un meurtre. La disposition ne pourra subsister, et sera considérée comme étant à titre onéreux; car, dans cette hypothèse, la condition était l'unique cause de la disposition.

Au contraire, dans une donation, le motif déterminant est, non pas la condition que proscrit l'art. 900, mais le désir de faire une libéralité.

Des conditions illicites dans les contrats et dans les libéralités.

§ Ier.—Le mot condition est pris dans deux sens : il signifie ou bien un évènement futur et incertain de l'existence, duquel dépend l'accomplissement, la modification ou la résolution d'un engagement, ou d'une disposition; il signifie aussi les charges imposées par une des parties contractantes à l'autre partie.

La condition est casuelle, potestative, ou mixte. Envisagée sous un autre

point de vue, elle est possible ou impossible. L'impossibilité est physique ou
morale; physique, lorsque les lois de la nature s'opposent à ce que la condition reçoive son exécution; morale, lorsque la condition est contraire aux
lois ou aux bonnes mœurs.

Nous n'examinons pas ici en détail les diverses espèces de conditions illicites; nous en parlerons en traitant des libéralités. Nous allons nous borner
à indiquer l'effet qu'elles produisent dans les contrats à titre onéreux.
(Art. 1172.) Toute condition d'une chose impossible ou contraire aux bonnes mœurs, ou prohibée par la loi est nulle, et rend nulle la convention
qui en dépend. Il y a deux raisons bien puissantes pour justifier cette décision : 1° Il convient que le stipulant ne puisse profiter d'une convention
à laquelle il est coupable d'avoir participé; 2° il était à craindre qu'il ne se
fît un faux point d'honneur d'exécuter la convention dans toutes ses clauses. L'art. 1172 parle des conditions illicites affirmatives. Que décider des
conditions illicites négatives ? L'art. 1173 nous indique la solution. Il est
ainsi conçu: La condition de ne pas faire une chose impossible ne rend pas
nulle l'obligation contractée sous cette condition. Ce texte de loi s'applique-
t-il aussi aux conditions moralement impossibles ? Nous ferons une distinction qui nous paraît indispensable. Si le promettant a voulu détourner le stipulant d'une mauvaise action, ou l'engager à faire une action honnête, la
convention sera valable, *secùs,* si le stipulant a voulu se faire payer l'accomplissement d'un devoir.

§ II. — La raison naturelle veut que dans les conventions qui par elles-
mêmes constituent un tout indivisible, et dont chaque clause est censée
avoir déterminé le concours des deux volontés, les conditions impossibles,
contraires aux lois ou aux bonnes mœurs, soient nulles et entraînent la
nullité du contrat.

La faveur dont les Romains entouraient les testaments leur avaient fait
admettre une règle contraire pour les dispositions testamentaires, lorsque
le testateur y avait inséré une condition illicite. Mais dans les contrats, et
par suite dans les donations, il n'en était pas de même. *In eâ re quæ ex
duorum pluriumve consensu agitur, omnium voluntas spectatur, quorum
procul dubio in hujusmodi actu talis cogitatio est, ut nihil agi existiment,
apposità eâ conditione quam sciant impossibilem.* Et c'était justice, car si

le légataire ne pouvait être frappé sans motifs, puisqu'il n'avait pris aucune part à la confection du testament, il ne devait pas en être de même dans les donations, puisque donataire et donateur étaient également coupables.

Dans notre ancien droit, la distinction qui avait prévalu dans la loi romaine fut aussi admise ; on distinguait avec soin les dispositions, à cause de mort, des contrats qui étaient annulés s'ils contenaient une disposition illicite.

Des motifs politiques firent ranger sur la même ligne les donations et les testaments dans les lois qui réputèrent non écrite toute clause impérative ou prohibitive qui porterait atteinte aux lois, aux bonnes mœurs, à la liberté religieuse du donataire, héritier ou légataire, qui gênerait la liberté qu'il a, soit de se marier même avec telle personne, soit d'embrasser tel ou tel état, emploi ou profession, ou lorsqu'elle tendrait à le détourner de remplir les devoirs imposés, et d'exercer les fonctions déférées par les lois aux citoyens. (Lois des 5 et 12 septembre 1791. — Art. 1 de la loi du 5 brumaire, et 12 de celle du 17 nivôse an II.)

Sous l'empire de cette législation nouvelle, les conditions impossibles qui dans les testaments étaient regardées comme non écrites, annulaient cependant les donations, tandis que les conditions contraires aux lois et aux bonnes mœurs étaient rejetées sans produire aucun effet, soit qu'elles fussent insérées dans des testaments ou dans des donations.

Lors de la rédaction du Code civil, on voulut, peut-être par quelques-uns des motifs politiques qui avaient dicté les lois intermédiaires, conserver le principe qu'elles consacraient. De là vint l'article 900, qui porte : « Dans toute disposition testamentaire ou entre-vifs, les conditions impossibles, celles qui seront contraires aux lois ou aux bonnes mœurs, seront réputées non écrites. »

L'art. 900, en parlant des conditions qui sont contraires aux lois, n'entend parler que des lois qui intéressent l'ordre public. Il est loisible au disposant de déroger aux lois qui ne réglementent que des intérêts privés. Quant aux conditions qui invitent ou obligent à la décence ou aux bonnes mœurs, il ne serait pas équitable de les regarder comme non écrites, par cela seul que la preuve de leur inexécution devrait nécessairement soulever du scandale.

Au surplus, en réputant non écrites, dans toute disposition entre-vifs ou testamentaire, les conditions impossibles, l'art. 900 ne doit pas être entendu purement des conditions proprement dites, qui sont le cas d'un événement futur et incertain. Il s'applique également lorsque la disposition a été faite sous la forme d'une charge positive. Ainsi, peu importe qu'après avoir fait un legs à un individu, le testateur ajoute : « Je charge mon légataire de faire telle chose », ou bien qu'il dise : « Je lègue à tel, s'il fait telle chose »; dans les deux cas, si la charge ou condition est illicite, elle sera réputée non écrite. La loi des 5 et 12 septembre 1791 se servait de ces expressions générales : « Toute clause impérative ou prohibitive », et c'est dans ce même sens qu'il faut entendre le mot condition employé dans l'article 900.

Le législateur prohibe les conditions contraires aux bonnes mœurs, mais il faut reconnaître que s'il existait une loi que réprouverait la conscience publique, la condition qui s'y conformerait serait regardée comme licite. D'ailleurs, il y a des faits qui ne sont pas illicites d'une manière absolue, mais seulement d'une manière relative ; l'époque à laquelle ils se produisent influe beaucoup sur leur caractère. La forme du gouvernement, l'esprit général de la législation, la pente de l'esprit commun vers telle ou telle idée exerce sur les décisions une influence qui imprime une profonde modification aux décisions antérieures.

Les conditions qui soulèvent les difficultés les plus sérieuses sont celles qui tendent à restreindre 1° la liberté naturelle en général ; 2° la liberté politique ; 3° la liberté de profession ; 4° la liberté des cultes ; 5° la liberté du mariage ; 6° la liberté de disposer de ses biens ; 7° la puissance paternelle ou maritale ; 8° le droit d'attaquer une disposition illégale ; 9° la faculté d'accepter une succession.

1° Toute condition a pour conséquence immédiate de restreindre l'exercice de la liberté naturelle. Aussi n'est-elle rejetée que tout autant qu'elle blesse l'intérêt social ou les droits essentiels à la dignité de l'homme. Ainsi sera considérée comme non écrite la condition de ne pas quitter un lieu déterminé. Que si toutefois elle est ordonnée dans un but d'utilité publique, comme l'obligation imposée à un médecin de demeurer dans un endroit où ses soins pourront être utiles, ou par des motifs analogues, quoique ne reposant que sur des intérêts privés, elle devra recevoir son exécution.

romaine, qui, certes, conférait au père des pouvoirs bien plus étendus que notre loi civile, permettait de léguer au fils, sous condition que son père l'émanciperait. Nous croyons qu'une pareille disposition devrait être exécutée. Bien que la loi accorde au père la jouissance des biens appartenant à ses enfants mineurs, on peut léguer à l'un d'entre eux, sous la condition que le père ne pourra exercer sur les objets légués son droit de jouissance. (Art. 387.)

8° et 9°. Enfin nous déclarons illicite la condition de renoncer à une succession qui n'est pas encore ouverte. C'est aller directement contre les vœux de la loi, qui, dans un but d'ordre public, défend toute stipulation sur les successions futures (791.) Quant à la défense imposée à un légataire de ne pas attaquer un acte illégal, nous distinguerons : ou bien l'acte est annulable pour un simple vice de forme, ou bien sa nullité provient d'une dérogation aux lois qui intéressent l'ordre public et les bonnes mœurs. La condition, licite dans le premier cas, puisqu'en définitive il ne s'agit que d'un intérêt privé, sera illicite dans le second.

CODE DE COMMERCE.

DES AVARIES ET DU JET.

Le mot avaries a eu, suivant les époques, une signification bien différente. Durant tout le moyen-âge, il fut employé pour désigner les frais de peu d'importance, ainsi que certaines dépenses volontaires qui étaient supportées par le propriétaire du navire et par les chargeurs. Cette signification ne s'est pas complétement perdue. Elle existe encore dans certains pays; mais elle n'a plus été usitée en France depuis le moment où prirent naissance les compagnies d'assurances. Avarie signifie, depuis, dommages éprouvés, permettant d'intenter une action contre les assureurs afin d'obtenir une indemnité proportionnelle.

Ainsi que l'indique l'art. 299, les avaries se divisent en deux classes. Elles sont : 1° grosses ou communes; 2° simples ou particulières. Tout dommage involontaire, accidentel, est une avarie simple. Tout dommage souffert volontairement , s'il l'a été pour le salut commun du navire et des marchandises est une avarie grosse ou commune. Quant aux dépenses extraordinaires, elles constituent une avarie simple ou commune, suivant qu'elles ont été faites ou non pour le bien ou le salut du navire et des marchandises.

Les avaries communes donnent lieu à contribution, c'est-à-dire que, provenant du désir de sauver la masse de la cargaison, faites dans un but d'intérêt général, elles ne doivent pas être supportées seulement par le propriétaire, mais par tous les chargeurs, en proportion chacun de la valeur des objets qu'ils avaient placés sur le navire. Quant aux avaries simples, nous distinguerons deux cas : 1° Elles ont été causées par la faute ou la malveillance, et, dans cette hypothèse, l'auteur du fait sera responsable envers le propriétaire ; 2° elles proviennent d'un cas fortuit ou du vice de la chose , et elles sont à la charge du propriétaire ou de l'assureur qui s'est engagé à supporter cette espèce de risque.

Voyons le texte de la loi : Art. 400. Sont avaries communes : 1° les choses données par composition et à titre de rachat du navire et des marchandises ; 2° celles qui sont jetées à la mer; 3° les câbles ou mâts rompus ou coupés; 4° les ancres et autres effets abandonnés pour le salut commun; 5° les dommages occasionnés par le jet aux marchandises restées dans le navire ; 6° le pansement et nourriture des matelots blessés en défendant le navire, les loyers et nourriture des matelots pendant la détention quand le navire est arrêté en voyage par ordre d'une puissance, et pendant les réparations des dommages volontairement soufferts pour le salut commun si le navire est affrété au mois ; 7° les frais du déchargement pour alléger le navire et entrer dans un havre ou dans une rivière quand le navire est contraint de le faire par tempête ou par la poursuite de l'ennemi ; 8° les frais faits pour remettre à flot le navire échoué dans l'intention d'éviter la perte totale ou la prise, et en général les dommages soufferts volontairement et les dépenses faites, d'après délibérations motivées, pour le bien e' salut commun du navire et des marchandises depuis leur chargement et départ jusqu'à leur retour et déchargement. Art. 403. Sont avaries particulières : 1° le dommage arrivé aux marchandises par leur vice propre, par tempête, prise, naufrage ou échouement; 2° les frais faits pour les sauver; 3° la perte des câbles, ancres, voiles, mâts, cordages, causée par tempêtes ou autres accidents de mer; les dépenses résultant de toutes relâches occasionnées; soit par la perte fortuite de ces objets, soit par le besoin d'avitaillement, soit par voie d'eau à réparer ; 4° la nourriture et le loyer des matelots pendant la détention quand le navire est arrêté en voyage par ordre d'une puissance, et pendant les réparations qu'on est obligé d'y faire si le navire est affrété au voyage; 5° la nourriture et le loyer des matelots pendant la quarantaine, que le navire soit loué au voyage ou au mois, en général les dépenses faites et le dommage souffert pour le navire seul ou pour les marchandises seules depuis leur chargement et départ jusqu'à leur retour et déchargement.

Quel a été le but du législateur en faisant cette longue énumération? A-t-il voulu indiquer tous les cas d'avaries simples ou d'avaries grosses qui pourraient se présenter? Evidemment non; il n'a voulu, en présentant pour exemple les avaries les plus ordinaires, qu'indiquer les caractères auxquels on pourrait reconnaître la nature de l'avarie. De pareilles énumérations sont dangereuses. Le législateur aurait dû se contenter de poser le principe, sauf à la doctrine et à la pratique à en tirer les conséquences. Il eut ainsi évité bien des difficultés.

Un navire, par suite d'avaries communes, ne peut continuer sa marche. Il est obligé de relâcher dans un port, afin de pouvoir se mettre en état de reprendre la mer. Quelles sont les dépenses auxquelles peut dònner lieu cette relâche?

Nous en distinguerons trois sortes : 1° les frais d'entrée au port et ceux de sortie; 2° les frais de chargement et de déchargement du navire; 3° les frais de nourriture et de salaire des gens de l'équipage. Sous quel point de vue doivent être considérées ces dépenses? Sont-elles avaries grosses ou avaries simples? Avant d'exposer la solution telle que l'a donnée notre législateur qui n'a pas osé trancher la question, nous devons dire que dans les différents pays commerciaux, les décisions varient sur le point qui nous occupe. Chez certains peuples, elles sont regardées comme avaries communes; chez certains autres, comme avaries simples. Quant à notre Code, il semblerait que ses rédacteurs, dans l'incertitude, aient voulu à la fois prendre aux différents pays les solutions les plus opposées. En effet, tandis que dans le § 7 de l'art. 400, ils déclarent avaries communes les frais nécessaires pour entrer au port, dans l'art. 403, comme s'ils voulaient revenir sur leur première décision, ils classent parmi les avaries particulières les dépenses résultant de toutes relâches occasionnées par divers motifs énumérés par la loi. D'où peut provenir une décision si contradictoire? La raison ne peut guère en exister que dans un souvenir malheureux de ce qui se pratiquait au moyen-âge, alors que le propriétaire du navire avait l'habitude de le monter. Quoi qu'il en soit, il faut reconnaître qu'une pareille décision choque toutes les règles de l'équité.

Examinons maintenant la troisième question. Un navire peut être obligé de s'arrêter dans un port autre que celui de sa destination pour deux motifs : ou bien parce qu'il est retenu par ordre d'une puissance, ou bien parce qu'il a besoin de réparations. Dans le premier cas, il n'est dû aucun frêt tout le temps que dure la détention; et le prix de la nourriture et du salaire des gens de l'équipage est déclaré avarie. Quelle en sera la nature? elle sera commune, car il n'est pas juste que l'armateur qui ne perçoit pas de frêt supporte seul cette charge (art. 400, § 6). Si le navire est obligé de s'arrêter à cause des réparations qui sont nécessaires, le prix du loyer et de la nourriture des gens de l'équipage sera avarie simple; car, dans cette hypothèse, le frêt court toujours pour l'armateur (art. 403, § 4). Jusqu'ici le législateur ne s'est pas écarté des règles du bon sens et de l'équité; mais il s'en éloigne tout à coup lorsque dans la dernière partie du § 6 de l'art. 400 il déclare avarie commune les dépenses dont nous parlons pendant les réparations des dommages volontairement soufferts pour le salut commun, si le navire est affrété au mois. En effet, voici ce qui va arriver : le navire est obligé de rester deux mois dans un port en attendant qu'il puisse reprendre la mer; le voyage se prolongeant beaucoup plus, l'armateur aura un bénéfice plus considérable que s'il n'était arrivé aucun accident, car les chargeurs contribueront pour payer les gens de l'équipage.

Code commercial, ne voulant pas traduire littéralement, de crainte de rendre la pensée d'une manière peu élégante, mirent un subjonctif à la place du participe, et voulurent faire une condition de ce qui à Rome n'était considéré que comme un fait. Aussi, lorsqu'il y aura eu jet, et qu'en définitive le navire sera arrivé à bon port, les propriétaires du restant de la cargaison devront indemniser le chargeur dont les marchandises ont été sacrifiées dans un but d'intérêt général.

DROIT ADMINISTRATIF.

A qui appartient le droit d'interprétation, d'explication et d'application des actes administratifs.

Unité, indépendance, tels sont les deux caractères principaux du pouvoir administnatif, dont l'action serait sans cesse entravée, si les tribunaux devant lesquels les citoyens ont l'habitude de porter leurs réclamations empiétaient sur les matières litigieuses dont la connaissance lui est réservée. Aussi le principe de la séparation des pouvoirs administratif |et judiciaire, fonctionnant chacun dans la sphère qui lui est dévolue, ne rencontre pas de contradicteurs. Mais il ne suffit pas que les tribunaux |judiciaires ne puissent prononcer que sur les matières qui leur sont attribuées; il faut encore qu'ils respectent toutes les mesures émanées des tribunaux administratifs, mesures qui ne pourront être interprétées, appliquées, expliquées que par leurs auteurs. Ce principe si simple soulève cependant de nombreuses difficultés. Sur la question de savoir à qui appartient la compétence en matière d'application, d'interprétation des actes administratifs, existe la plus grande divergence dans les opinions. Elle tient peut-être à ce qu'on n'a pas bien défini ces mots : actes administratifs, et qu'on ne leur a pas donné une signification précise. Nous arrivons ainsi à nous poser cette question : Qu'est-ce qu'un acte administratif? Pour la résoudre, nous sommes obligés d'entrer dans quelques développements.

Le pouvoir exécutif peut être considéré sous deux points de vue. Il est *pouvoir exécutif pur* lorsqu'il se manifeste par les ordonnances que nécessite l'exécution de la loi , par l'exercice de la part de souveraineté que lui délègue en certains cas le pouvoir législatif , par les traités, conventions diplomatiques , capitulations militaires. Il est *administration active* quand il protège les intérêts généraux du corps social , en veillant sur les actes de chaque citoyen. Les agents de l'administration, s'ils représentent l'Etat propriétaire, l'Etat plaidant pour obtenir ou conserver tels ou tels immeubles, ne sont chargés que d'intérêts privés.

Grâce à la distinction que nous venons de poser, bien des difficultés s'évanouissent ; il n'y a qu'à la saisir pour comprendre ce qu'on doit entendre par ces mots : actes administratifs , et pour reconnaître que l'administration active a seule le droit de faire des actes d'administration; d'où la conséquence que nous appellerons actes administratifs, les actes émanés du pouvoir qui administre. M. Macarel a bien posé ce principe : que chaque autorité doit interpréter ses actes ; mais encore faut-il savoir distinguer les actes administratifs des actes ordinaires.

Pour mieux faire comprendre le principe que nous avons posé , entrons dans les espèces. Une loi, une convention diplomatique, une amnistie, peuvent-elles être considérées comme des actes administratifs? A ces trois questions, nous répondrons négativement, et voici les raisons sur lesquelles nous nous appuyons :

1° Comment la loi serait-elle réputée acte administratif , puisque le pouvoir administratif ne participe en rien à sa confection? Lorsque le pouvoir législatif défère au pouvoir exécutif le droit de faire des réglements généraux qui ont force de loi et qui en réunissent tous les caractères , ce dernier fait des actes qui sortent évidemment de la classe des actes administratifs ordinaires ? C'est ainsi que la Cour de cassation a décidé que , lorsque des difficultés étaient soulevées à propos d'un réglement d'octroi , que des dommages-intérêts étaient demandés , le juge-de-paix devant qui était intentée l'action pouvait recourir à la loi générale pour interprêter les dispo-

4

sitions du réglement ; 2° quand on réclame une amnistie , on demande une grâce , une faveur qui peut être refusée sans qu'on ait le droit de se pourvoir contre la décision rendue. Les tribunaux judiciaires connaissent de l'amnistie et de toutes les difficultés qui peuvent s'élever à ce sujet, car c'est là un acte du pouvoir exécutif pur. Que si une ordonnance vient à priver d'un droit acquis certains amnistiés , ils pourront intenter un recours contentieux, car, dans ce cas, on blessera un droit acquis; 5° la Cour de cassation a décidé « que les traités passés entre les nations ne sont pas de simples actes admi- « nistratifs et d'exécution , qu'ils ont le caractère de loi, et ne peuvent être « appliqués et interprétés que dans les formes et par les autorités chargées « d'appliquer toutes les lois dans l'ordre de leurs attributions.»

De l'arrêt que nous venons de citer résulte cette conséquence : c'est que les tribunaux, soit administratifs, soit judiciaires, ne peuvent prononcer sur l'existence , la validité des conventions diplomatiques , qui, étant assimilées aux lois ordinaires , doivent être à l'abri de toute réclamation. C'est ce qui a été décidé par plusieurs ordonnances du conseil d'Etat , 22 juillet 1823. Fain contre le ministre des finances ; 5 décembre 1838, famille de Napoléon ; 22 août 1838, famille de Napoléon ; 24 mars 1824, les propriétaires du navire *la Nueva-Veloz-Mariana* ; 22 novembre 1828, Ambron contre le ministre des finances.)

Les conventions diplomatiques peuvent donner lieu à des discussions d'intérêts, qui devront être portées devant les tribunaux judiciaires ou devant les tribunaux administratifs. 1° Devant les tribunaux judiciaires, lorsque il ne s'agira que d'intérêts privés, que la lutte ne s'ouvrira qu'entre simples particuliers. Dans ce cas, le pouvoir dévolu aux tribunaux pour interpréter les lois leur est déféré pour l'interprétation des conventions diplomatiques auxquelles remonte la source du procès. 2° Devant les tribunaux administratifs, lorsque l'Etat sera en cause ; par exemple, si on réclame au Trésor une somme dont on prétend être créancier en vertu du traité. Enfin, dans cette hypothèse, la matière sera gracieuse ou contentieuse : gracieuse, si on demande une faveur ; contentieuse, si on s'appuie sur un droit ou sur un droit acquis.

Lorsqu'un agent du pouvoir administratif vend, donne en bail, échange des biens faisant partie du domaine de l'Etat, il n'agit point dans l'intérêt du service public. Il représente une personne morale, et fait avec les citoyens des conventions de la même nature que celles qui sont portées devant les tribunaux judiciaires. Malgré l'opinion de quelques auteurs qui s'appuient sur la loi du 28 pluviôse an VIII, pour soutenir que l'appréciation et l'interprétation de tous les actes de vente des domaines nationaux est attribuée à l'autorité administrative, il nous est impossible de reconnaître dans les diverses espèces que nous venons de signaler le caractère distinctif des actes administratifs. Il en est de même lorsqu'un propriétaire, voulant éviter l'expropriation par voie de justice, préfère céder son terrain à l'amiable ; l'acte de vente est passé devant un agent administratif, qui dans cette circonstance remplit en quelque sorte les fonctions de notaire.

En nous résumant sur la nature des actes dont nous venons de parler, nous dirons : Ils sont passés sous la forme administrative, mais ils ne sont pourtant pas des actes administratifs.

Les communes ainsi que l'Etat sont propriétaires. Elles possèdent des biens soit meubles, soit immeubles, qui peuvent donner naissance à de nombreuses conventions. Mais tous ces actes passés en forme administrative, et ayant besoin pour leur validité de l'homologation de l'autorité supérieure, prennent-ils pour cela le caractère d'actes administratifs ? Ce serait une grande erreur d'avancer pareille assertion ; la nature de l'acte est indépendante de la forme qui lui est donnée, et de la qualité de la personne qui le reçoit. C'est la matière qui imprime à l'acte son caractère particulier.

A l'Etat seul se rattache l'intérêt général. Quant aux départements, aux communes, aux établissements publics, tout en reconnaissant qu'une tutelle leur est indispensable, nous ne pouvons admettre qu'ils aient le droit de recourir à une juridiction spéciale, réservée au pouvoir exécutif.

Que si une demande d'alignement faite au maire reste sans reponse , il ne faut pas accorder aux tribunaux judiciaires compétence pour connaître du retard ; il ne s'agit plus ici d'intérêts particuliers, mais d'intérêts généraux confiés à un fonctionnaire public. L'intérêt général est en jeu, d'où la conséquence que l'acte qui accordera ou refusera l'alignement sera un acte administratif dont la connaissance ne pourra jamais être dévolue aux tribunaux judiciaires.

Maintenant que nous sommes fixés sur le sens de ces mots : actes administratifs, examinons à qui appartient le droit d'interpréter, d'expliquer, d'appliquer les actes administratifs. Si accessoirement à un procès civil ou criminel, il s'élève des difficultés sur le sens d'un acte administratif invoqué par l'une des parties, les tribunaux ne devront pas l'interpréter. Il pourrait très bien arriver qu'ils en méconnussent l'esprit ou en faussassent l'application. Ils renverront l'interprétation à l'autorité dont l'acte émane, et seront obligés de surseoir, jusqu'à ce qu'elle ait eu lieu. Ce que nous disons doit s'entendre d'une manière absolue. Dans tous les cas, nous refusons aux tribunaux judiciaires le droit d'interpréter un acte administratif, quelque clair d'ailleurs qu'il leur parut. Les lois qui interdisent aux juges civils le droit de connaître des actes administratifs, ne leur permettent pas de diminuer ou de confirmer la valeur ou la teneur de ces actes. Elles se fondent sur le grand principe de l'équilibre des pouvoirs, de l'application duquel dépend toute bonne organisation sociale.

Nous n'avons entendu parler que du cas où l'une des parties contesterait le sens donné par l'autre à un acte administratif. Que si les parties étaient d'accord sur l'interprétation de l'acte, rien ne s'opposerait à ce que les tribunaux en connussent. Au contraire, ce serait leur devoir.

Il y a des cas, et même assez nombreux, où des matières qui devraient rentrer dans la compétence des tribunaux administratifs, ont été dévolues à des tribunaux judiciaires. Il ne faut en tirer aucune conséquence ; ce sont des espèces particulières où le législateur a trouvé qu'il n'y avait aucun inconvénient à prononcer le déclassement. C'est ainsi que le contentieux relatif aux contributions indirectes, qui, à l'exemple du contentieux des contributions directes, devrait appartenir aux tribunaux administratifs, est renvoyé devant les juges civils, bien que quelques cas particuliers soient néanmoins demeurés dans les attributions de l'autorité administrative. Cette désignation de compétence résulte de textes formels de lois. Décret des 7-11 septembre 1790, art. 2; loi du 5 ventôse an XII, art. 88. L'art. 15 de la loi du 28 avril 1816, qui autorise l'Etat à percevoir un dixième du revenu des octrois municipaux, les fait rentrer, pour ce cas spécial, dans la catégorie des contributions indirectes. Les tribunaux jugent en cette matière : 1° les contestations entre redevables et fermiers, régisseurs ou receveurs des octrois municipaux sur l'application des tarifs et réglements, sur la restitution des sommes induement perçues. (Loi du 2 vendémiaire an VIII, art. 1 ; Loi du 27 frimaire an VIII, art. 13; Décret du 17 mai 1809, art. 164 ; Ordonnance du 9 décembre 1814, art. 81. — 3 février 1830 ; Autard C. la ville de Saint-Rémy ; 16 août 1833, Gairal C. la ville de Marseille; 15 août 1834, Anglade ; 10 mars 1843, Charlier C. la ville de Douai. 2° Les poursuites et contraventions aux lois concernant les octrois. La loi du 22 frimaire an VII attribue aux juges civils la connaissance de toutes les questions qui peuvent s'élever à propos des droits d'enregistrement. Le motif qui a guidé le législateur est facile à saisir. Comme les contestations proviennent le plus souvent de ce que les actes ont été déguisés par les officiers ministériels, afin d'éviter le payement de droits trop élevés, les juges civils ont été déclarés compétents, parce que, s'occupant continuellement de ces matières, ils pourront, plus facilement que l'autorité administrative, distinguer la nature d'un acte quelconque.

Nous avons dit *suprà* qu'à. l'autorité administrative seule appartient le droit d'interpréter, d'expliquer, d'appliquer les actes qui émanent d'elle. Donnons quelques exemples. A l'exclusion des tribunaux judiciaires, elle est compétente pour statuer : 1° sur l'interprétation des ordonnances qui ont fait remise aux départements, aux communes de tels ou tels biens; 2° sur les difficultés qui s'élèvent par rapport à la question de savoir si la somme dont le paiement est exigé pour obtenir un brevet d'invention a été versée ; 3° sur les autorisations d'usines et les règlements d'eaux; 4° sur les ordonnances de concessions de desséchement de marais, et toutes les questions qui s'y rattachent: 23 août 1826, compagnie de Bray contre la commune de Donges ; 3 décembre 1828, de Lantage contre la commune de Moraint; 8 juillet 1840, duc d'Uzès contre la compagnie du canal de Baucaire; 5° Sur les contestations relatives à l'interprétation d'un privilége théâtral ; 6° sur les difficultés qui s'élèvent lorsque, par divers arrêtés, un préfet a concédé à plusieurs personnes la propriété d'un chemin vicinal abandonné ; 7° sur l'interprétation, la validité et les effets des actes administratifs rendus en exécution de la loi du 28 mars 1820, qui autorise les fabriques des succursales à se faire remettre en possession des biens appartenant autrefois aux églises qu'elles administrent ; du décret du 30 mai 1806 qui prescrit la réunion des églises et presbytères supprimés aux cures et succursales dans l'arrondissement desquels ils sont situés ; — 8 juillet, 1818, paroisse de Saint-Patrice ; 26 décembre 1827, fabrique de Saint-Vincens contre celle de Saint-Patrice.

Vu par le Président de la Thèse,

Gustave BRESSOLLES.

Cette Thèse sera soutenue le 8 août 1850.

Toulouse, Typ. de Vᵉ Corne, r. Pont-de-Tounis, 4.

www.ingramcontent.com/pod-product-compliance
Lightning Source LLC
Chambersburg PA
CBHW060526200326
41520CB00017B/5148